일본어 기초 2

김종희　庭山真理子
飯田真紀子　河野奈津子

부산외국어대학교 출판부

일본어 기초 2

2012년 8월 24일 1판 1쇄 발행
2013년 3월 25일 1판 2쇄 발행

저　자/ 김종희, 庭山真理子, 河野奈津子, 飯田真紀子
발행인/ 정 해 린
발행처/ 부산외국어대학교 출판부
등　록/ 제 카7-53호 (1988. 9. 1.)
주　소/ 608-738 부산광역시 남구 석포로 15
전　화/ 051) 640-3439, 3440　팩스/ 051) 640-3580
인터넷/ http://press.bufs.ac.kr

편　집/ 주간 · 이종문, 디자인 · 황은석
인쇄처/ 세종문화사 (051) 463-5898
공급처/ 한국출판협동조합 (02) 716-5616~9

* 이 도서는 부산외국어대학교의 연구활동을 진작시키고 출판물의 저작 · 보급을 촉진하기 위해 도서개발 연구비가 지원된 도서입니다.

ISBN 978-89-8312-365-7　03730

정가 10,000 원

교재의 특징

1) 일상생활에서 바로 사용할 수 있는 표현을 본문에 삽입하고 반복학습시킴으로써, 일본인과 언제 어디서든 회화가 가능하도록 구성하였습니다.

2) 시판되는 일본어 교재(발음전문교재를 제외)에는 거의 표기되지 않은 일본어 표준 억양 표기를 함으로써 초급단계부터 억양 지도가 용이하도록 하였습니다.

3) 현재 판매되고 있는 일반 교재와 같이 초급단계에서 필요하지 않은 내용까지 삽입해 학습자에게 오히려 학습에 대한 흥미저하를 유발하는 것이 아니라, 입문기에 반드시 필요한 것만으로 심플하게 구성하였기 때문에 학습자가 가벼운 마음으로 접근 가능하도록 하였습니다.

4) 최근 어학교육의 트렌드인 CEFR（유럽공통참조기준）에 기초한 JF 일본어교육Standard의 “can-do statements”를 이용한 교실활동을 각 과 마다 추가 작성, 삽입하고 학생들이 실제 일본어에 접하는 상황에 대비할 수 있도록 하였습니다.

* 본 교재 집필에 구 GLS인 L-school 의 동료였던 가와카미 소이치 선생님으로부터 많은 도움을 받았기에 여기에 감사의 뜻을 표하고자 합니다.

목 차

ひらがな

清音(せいおん)/청음

	あ단		い단		う단		え단		お단	
あ행	あ	a	い	i	う	u	え	e	お	o
か행	か	ka	き	ki	く	ku	け	ke	こ	ko
さ행	さ	sa	し	shi	す	su	せ	se	そ	so
た행	た	ta	ち	chi	つ	tsu	て	te	と	to
な행	な	na	に	ni	ぬ	nu	ね	ne	の	no
は행	は	ha	ひ	hi	ふ	fu	へ	he	ほ	ho
ま행	ま	ma	み	mi	む	mu	め	me	も	mo
や행	や	ya			ゆ	yu			よ	yo
ら행	ら	ra	り	ri	る	ru	れ	re	ろ	ro
わ행	わ	wa							を	o
									ん	n

濁音(だくおん)/탁음, 半濁音(はんだくおん)/반탁음

	あ단	い단	う단	え단	お단
が행	が ga	ぎ gi	ぐ gu	げ ge	ご go
ざ행	ざ za	じ ji	ず zu	ぜ ze	ぞ zo
だ행	だ da	ぢ ji	づ zu	で de	ど do
ば행	ば ba	び bi	ぶ bu	べ be	ぼ bo
ば행	ぱ pa	ぴ pi	ぷ pu	ぺ pe	ぽ po

拗音(ようおん)/요음

	あ단	い단	う단	え단	お단
か행	きゃ kya		きゅ kyu		きょ kyo
が행	ぎゃ gya		ぎゅ gyu		ぎょ gyo
さ행	しゃ sha		しゅ shu		しょ sho
ざ행	じゃ ja		じゅ ju		じょ jo
た행	ちゃ cha		ちゅ cyu		ちょ cho
な행	にゃ nya		にゅ nyu		にょ nyo
は행	ひゃ hya		ひゅ hyu		ひょ hyo
ば행	びゃ bya		びゅ byu		びょ byo
ぱ행	ぴゃ pya		ぴゅ pyu		ぴょ pyo
ま행	みゃ mya		みゅ myu		みょ myo
ら행	りゃ rya		りゅ ryu		りょ ryo

カタカナ

清音(せいおん)/청음

	あ단		い단		う단		え단		お단	
あ행	ア	a	イ	i	ウ	u	エ	e	オ	o
か행	カ	ka	キ	ki	ク	ku	ケ	ke	コ	ko
さ행	サ	sa	シ	shi	ス	su	セ	se	ソ	so
た행	タ	ta	チ	chi	ツ	tsu	テ	te	ト	to
な행	ナ	na	ニ	ni	ヌ	nu	ネ	ne	ノ	no
は행	ハ	ha	ヒ	hi	フ	fu	ヘ	he	ホ	ho
ま행	マ	ma	ミ	mi	ム	mu	メ	me	モ	mo
や행	ヤ	ya			ユ	yu			ヨ	yo
ら행	ラ	ra	リ	ri	ル	ru	レ	re	ロ	ro
わ행	ワ	wa							ヲ	o
									ン	n

濁音(だくおん)/탁음, 半濁音(はんだくおん)/반탁음

	あ단		い단		う단		え단		お단	
が행	ガ	ga	ギ	gi	グ	gu	ゲ	ge	ゴ	go
ざ행	ザ	za	ジ	ji	ズ	zu	ゼ	ze	ゾ	zo
だ행	ダ	da	ヂ	ji	ヅ	zu	デ	de	ド	do
ば행	バ	ba	ビ	bi	ブ	bu	ベ	be	ボ	bo
ぱ행	パ	pa	ピ	pi	プ	pu	ペ	pe	ポ	po

拗音(ようおん)/요음

	あ단	い단	う단	え단	お단
か행	キャ kya		キュ kyu		キョ kyo
が행	ギャ gya		ギュ gyu		ギョ gyo
さ행	シャ sha		シュ shu		ショ sho
ざ행	ジャ ja		ジュ ju		ジョ jo
た행	チャ cha		チュ cyu		チョ cho
な행	ニャ nya		ニュ nyu		ニョ nyo
は행	ヒャ hya		ヒュ hyu		ヒョ hyo
ば행	ビャ bya		ビュ byu		ビョ byo
ぱ행	ピャ pya		ピュ pyu		ピョ pyo
ま행	ミャ mya		ミュ myu		ミョ myo
ら행	リャ rya		リュ ryu		リョ ryo

特殊な発音 특수한 발음

拗音/요음

きょう	りょこう	おちゃ	ひゃく	じゅう	ぎゅうにゅう
오늘	여행	차	백	십	우유

びょういん: びよういん	じゅう: じゆう	ひゃく: ひやく
병원　　미용실	십　　자유	백　　비약

促音/촉음

きって	きっぷ	ざっし	がっこう	いっぱい	せっけん
우표	표	잡지	학교	한 잔/가득	비누

発音/발음

1) ん(ㅁ)+ば・ぱ・ま행

こんばんは	えんぴつ	さんまい
	연필	세 장

2) ん(ㄴ)+ざ・さ・た・だ・な・ら행

こんにちは	せんせい	べんり	あんない	さんさつ
	선생님	편리	안내	세 권

3) ん(ㅇ)+あ・か・が・は・や・わ행, 단어 끝에서

べんきょう	でんわ	こんばんは	かばん	ほん
공부	전화		가방	책

長音 / 장음

あ단 + あ ：おかあさん 어머니　　おばあさん 할머니

い단 + い ：おにいさん 형, 오빠　　おじいさん 할아버지

う단 + う ：ゆうき 용기　　くうき 공기

え단 + え ：おねえさん 언니, 누나

え단 + い ：せんせい 선생님　　えいご 영어

お단 + う ：おはよう　　ありがとう 고마워요

お단 + お ：こおり 얼음　　とおい 멀다　　おおい 많다

おばさん	:	おばあさん	おじさん	:	おじいさん	ゆめ	:	ゆうめい
아줌마		할머니	아저씨		할아버지	꿈		유명

ここ	:	こうこう
여기		고등학교

ノート	タクシー	コーヒー	アイスクリーム	スーパー
노트	택시	커피	아이스크림	슈퍼

가타카나 청음 쓰기 연습

ア	㇇	ア							
イ	ノ	イ							
ウ	ヽ	⺍	ウ						
エ	一	T	エ						
オ	一	才	オ						
カ	フ	カ							
キ	一	二	キ						
ク	ノ	ク							
ケ	ノ	𠂉	ケ						
コ	㇆	コ							
サ	一	十	サ						
シ	丶	⺀	シ						
ス	フ	ス							
セ	㇖	セ							
ソ	丶	ソ							

タ	ノ	ク	タ						
チ	ノ	ニ	チ						
ツ	ヽ	ヽヽ	ツ						
テ	一	二	テ						
ト	丨	ト							
ナ	一	ナ							
ニ	一	ニ							
ヌ	フ	ヌ							
ネ	ヽ	ラ	ネ	ネ					
ノ	ノ								
ハ	ノ	ハ							
ヒ	ノ	ヒ							
フ	フ								
ヘ	ヘ								
ホ	一	十	才	ホ					

マ	フ	マ							
ミ	丶	⺀	ミ						
ム	𠃋	ム							
メ	ノ	メ							
モ	一	二	モ						
ヤ	フ	ヤ							
ユ	フ	ユ							
ヨ	7	ヲ	ヨ						
ラ	一	ラ							
リ	丨	リ							
ル	ノ	ル							
レ	レ								
ロ	丨	冂	ロ						
ワ	丨	ワ							
ヲ	フ	ヲ							
ン	丶	ン							

가타카나 단어

☺☺ 기초 1에 나오는 단어, 얼마나 알고 있을까요?☺☺

일본어	뜻	일본어	뜻
キム			박
イム		ジスク	
カンアンデキョ		ヘウンデ	
	서면		핸섬
ラーメン		バナナ	
ケーキ			커피
テスト		ペン	
けしゴム			셔츠
テーブル		テレビ	
インターネット		ボール	
ドア			아르바이트
ゲーム		シャワー	
ピアノ		ロータリー	
ホテル		レストラン	
デパート			아파트
スーパー		スポーツセンター	

☺☺ 가타카나로 써봅시다. ☺☺

1

2
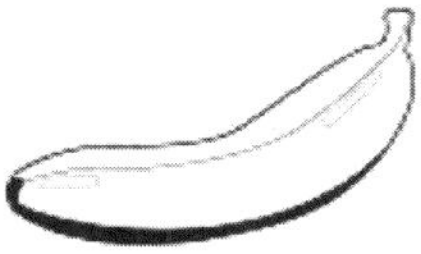

3

4

5

6
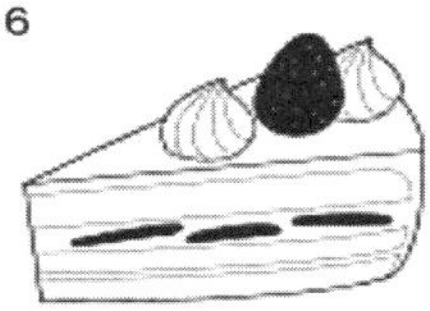

7
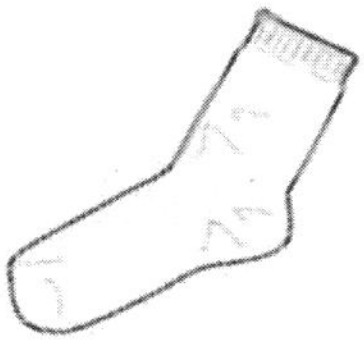

8

9

10
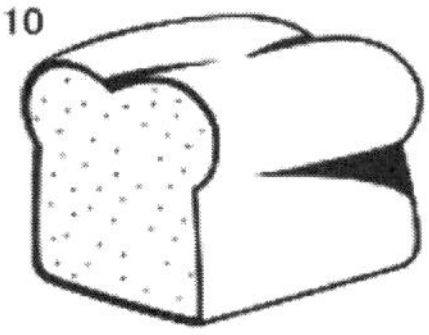

11

12
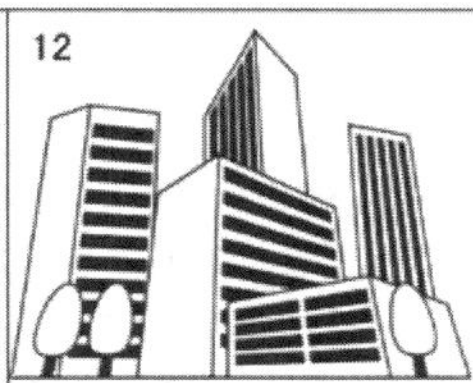

13

14

15

16

17	18	19	20

21	22	23	24
			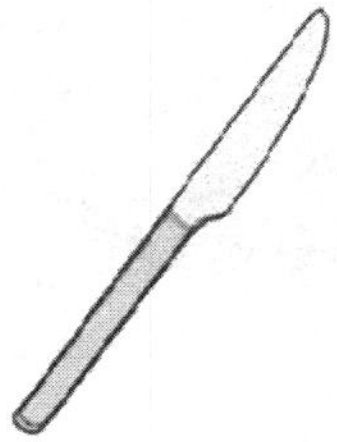

25	26	27	28
	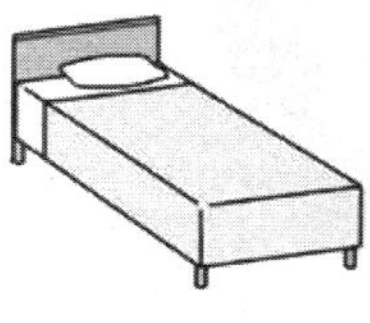		

■ はじめに

2学期中(がっきちゅう)にできるかな？ / 2학기 중에 할 수 있을까요?

☺☺ 2학기 중에 꼭 할 수 있도록 하자! ☺☺

1. 아래 표시를 보고 일본어로 쓸 수 있을까요?

名前(なまえ) : ______________________________

学籍番号(がくせきばんごう)(受験番号(じゅけんばんごう)) : ______________________________

学部(がくぶ)／学科(がっか) : ______________________________

2. 수업 중에 교수님의 일본어 지시를 알아들을 수 있을까요?

1) 見(み)てください。

2) 聞(き)いてください。

3) 読(よ)んでください。

4) 前(まえ)(ホワイトボード)に書(か)いてください。

5) 二人(ふたり)で練習(れんしゅう)してください。

第1課へ GO~！

3. 수업에 결석하거나 지각했을 때, 그 이유를 교수님께 일본어로 말할 수 있을까요? 아래 문장으로 연습해봅시다.

1) 늦잠을 자서 지각했습니다.

____

2) 다음 수업은 못 옵니다.

____

3) 군대 신체검사가 있어서 / 자격시험이 있어서 다음 수업은 못 옵니다.

____

4) 지난주 수업은 몸이 아파서 못 왔습니다.

____

5) 병원 진단서(처방전)를 가지고 왔습니다.

____

조사 복습 1 / 助詞(じょし)の復習(ふくしゅう) 1

1. ~は：(　　)

私(わたし)は 学生(がくせい)です。

このシャツは いくらですか。

テストは 月曜日(げつようび)です。

2. ~の：(　　)

釜山外国語大学(プサンがいこくごだいがく)の 1年生(ねんせい)です。

めがねは いすの 上(うえ)に あります。

これは 私(わたし)の かばんです。

それは キムさんのです。

3. ~と：(　　)

そうじと せんたく

土曜日(どようび)と 日曜日(にちようび)

4. ~が：（　　　）

いすの上(うえ)に めがねが あります。

その仕事(しごと)は 私(わたし)が します

* 私(わたし)は ゲームが 好(す)きです。

5. ~を：（　　　）

ごはんを 食(た)べます。

音楽(おんがく)を 聞(き)きます。

じゃあ、それを ください。

6. ~に：

a) (　　　)

7時(じ)に 起(お)きます。

夏休(なつやす)みに 英語(えいご)の 勉強(べんきょう)を します。

b) (　　　)

友達(ともだち)に 会(あ)います。

父(ちち)に 手紙(てがみ)を 書(か)きます。

7. ~へ ＝ ~に ：(　　　)

学校(がっこう)へ / に 行(い)きます

うちへ / に 帰(かえ)ります

연 습

1) きのう、ナンポドン (　　　　　) 行きました。

2) その かさは、私 (　　　　　) じゃありません。

3) 私は スポーツ (　　　　　) すきです。

4) 私は よく 本 (　　　　　) 読みます。

5) 明日は 友達 (　　　　　) 会います。

6) この ペン (　　　　　) いくらですか。

7) テレビの下に 時計 (　　　　　) あります。

8) この授業は 月曜日 (　　　　　) 水曜日に あります。

9) 本田さんは 早稲田大学 (　　　　　) 1年生です。

10) じゃあ、それ (　　　　　) ください。

11) 私は 毎朝 6 時 (　　　　　) 起きます。

第1課　夏休みに何をしましたか

先生：　シンさんは 夏休みに 何を しましたか。

シン：　高校の ときの 友達と ソラク山に 行きました。

先生：　そうですか。よかったですね。

　　　　シンさんは よく 山に 行きますか。

シン：　はい、ときどき 行きます。

　　　　先生は 夏休みに 何を しましたか。

先生：　私は 日本に 帰りました。

　　　　それから、友達と いっしょに 旅行を しました。

シン：　そうですか。先生は よく 旅行に 行きますか。

先生：　いいえ、あまり 行きません。

シン：　どうしてですか。

先生：　時間が あまり ありませんから。

단 어	발 음	뜻
先生	せんせい	
シン	しん	
夏休み	なつやすみ	
何	なに	
します	します	
高校	こうこう	
とき	とき	
友達	ともだち	
ソラク山	そらくさん	
行きます	いきます	
そうですか	そうですか	
よかったです	よかったです	
よく	よく	
山	やま	
ときどき	ときどき	
日本	にほん	
帰ります	かえります	
それから	それから	
いっしょに	いっしょに	
旅行	りょこう	
あまり	あまり	
どうして	どうして	
時間	じかん	
ありません	ありません	
買い物	かいもの	
韓国語	かんこくご	
宿題	しゅくだい	
アルバイト	あるばいと	
どのぐらい	どのぐらい	
料理	りょうり	
遅刻	ちこく	

練習問題(れんしゅうもんだい) / 연습문제

1. 동사 현재/미래형

동사	현재/미래 긍정(ます형)	현재/미래 부정
갑니다	いきます	いきません
읽습니다		
만납니다		
씁니다		
듣습니다		
마십니다		
이야기합니다		
봅니다		
먹습니다		
일어납니다		
합니다		
옵니다		

2. 조사

～と：～와/과 (대상, 공동 동작의 상대)

友達<u>と</u>話します / 遊びます

妹<u>と</u> いっしょに 買い物に 行きます

～から ： ～니까, 때문에 (원인, 이유)

A：どうして ずっと うちに いましたか。

B：韓国語の 宿題が ありました<u>から</u>。

アルバイトが 忙しいです<u>から</u>、大変です。

【주의】

a) 来週、旅行（　　　　）行きます。

b) きょうこさんは よく 旅行（　　　　）します。

3. 써 봅시다.

1) わたしは ＿＿＿＿＿＿＿で＿＿＿＿＿＿＿＿を＿＿＿＿＿＿＿ます。

2) わたしは ＿＿＿＿＿＿＿＿＿＿＿に＿＿＿＿＿＿＿＿＿＿＿ます。

3) わたしは ＿＿＿＿＿＿＿＿＿＿＿＿＿＿に(へ)＿＿＿＿＿＿ます。

4) わたしは ＿＿＿＿＿＿＿といっしょに＿＿＿＿＿＿＿＿＿＿ます。

4. 둘이서 이야기해 봅시다.

A 1) ～さんは朝(あさ)ごはんを食(た)べますか。何(なに)を食(た)べますか。

2) ～さんは日本(にほん)の音楽(おんがく)を聞(き)きますか。

3) ～さんは毎日(まいにち)、インターネットをしますか。/ どのぐらいしますか。

B ～さんはよく～しますか。→ はい、よく(ときどき) ～します。

いいえ、あまり(ぜんぜん) ～しません。

1) ～さんはよくゲームをしますか。

2) ～さんはよく映画(えいが)を見(み)ますか。

3) ～さんはよく料理(りょうり)をしますか。

C. ～さんはよく何(なに)をしますか。(趣味(しゅみ))

5. 동사 과거형

동　사	과거 긍정	과거 부정
	いきました	
먹었습니다		
		のみませんでした
돌아갔습니다		
	おきました	
잤습니다		
		よみませんでした
썼습니다		
	しました	
		きませんでした

6. 둘이서 이야기합시다.

1) ～さんはきのう何(なに)か買(か)いましたか。

2) きのうは何時(なんじ)に寝(ね)ましたか。

7. 써 봅시다.

A. それから (그리고 나서)

1) 焼肉(やきにく)を食(た)べました。それから、＿＿＿＿＿＿＿＿＿＿＿＿＿＿＿＿

2) ＿＿＿＿＿＿＿＿＿＿＿。それから、＿＿＿＿＿＿＿＿＿＿＿＿＿

B. どうして～？ → ～から。

1) きょうはどうして遅刻(ちこく)しましたか。

→ ＿＿＿＿＿＿＿＿＿＿＿＿＿＿＿＿＿＿＿＿＿＿＿＿＿から。

2) どうして昼(ひる)ごはんを食(た)べませんか。

→ ＿＿＿＿＿＿＿＿＿＿＿＿＿＿＿＿＿＿＿＿＿＿＿＿＿から。

語(ご)いを増(ふ)やそう! / 어휘를 늘리자!

■ 自然など (しぜんなど 자연 등)

일본어	뜻	일본어	뜻
海 (うみ)	바다	木 (き)	나무
山 (やま)	산	花 (はな)	꽃
川 (かわ)	강	道 (みち)	길
湖 (みずうみ)	호수	町 (まち)	시내, 동네
池 (いけ)	연못	村 (むら)	마을
塾/学院 (じゅく/がくいん)	학원	資格 (しかく)	자격(증)
意味 (いみ)	의미	言葉 (ことば)	말

できるかな? / 할 수 있을까요?

1. 일본인 친구나 교수님을 학교내에서 만났을 때, 일본어로 인사하고 간단한 대화가 가능할까요?

キーワード： 授業(じゅぎょう)ですか。/うちに帰(かえ)るんですか。/どこに行(い)くんですか。

보기)

パク：先生(せんせい)、こんにちは。

先生：あ、パクさん、こんにちは。授業(じゅぎょう)ですか。

パク：いいえ、もう終(お)わりました。これからうちに帰(かえ)ります。
　　　先生はどこに行くんですか？

先生：研究室(けんきゅうしつ)。研究室で少(すこ)し仕事(しごと)してから、帰(かえ)ります。

パク：そうですか。じゃあ、また明日(あした)。

先生：はい、また明日。

語(ご)い

研究室(けんきゅうしつ)、教室(きょうしつ)、F館(かん)、語学(ごがく)(ラボ)館(かん)、C館(かん)、国際館(こくさいかん)

2. 어디 갔는지, 무엇을 했는지 등, 그날 한 일에 대해서 간단하게 적어봅시다.

_____月_____日 (　　　) 曜日(ようび)

____

____

____

_____月_____日 (　　　) 曜日(ようび)

____

____

____

조사 복습 2 / 助詞の復習 2

1. ～で : (　　　　)

図書館で 勉強します。

うちで テレビを 見ます。

2. ～に : (　　　　)

テーブルの 上に コーヒーが あります。

郵便局は 駅の 前に あります。

3. ～も : (　　　　)

これは キムさんのですね。 これも キムさんのですか。

スキーを しました。 それから、スケートも しました。

4. ～から ～まで : (　　　　)

テストは 9時から 11時までです。

学校から うちまで 1時間ぐらいです。

연 습

1) 会社（　　　　）うち（　　　　）1時間ぐらいです。

2) あそこ（　　　　）病院が あります。

3) キムさんは うち（　　　　）勉強します。

4) この ケーキは 私の です。それから、その ケーキ（　　　　）私の です。

5) アルバイトは 9時（　　　　）6時（　　　　）です。

第2課　学食はあまりおいしくないです

先生：パクさんは いつも どこで お昼ごはんを 食べますか。

パク：毎日、学食で 食べます。

先生：学食は おいしいですか。

パク：いいえ、あまり おいしくないです。

でも、便利ですから、よく 行きます。

先生は どこで 食べますか。

先生：私は、正門の 近くの 食堂で 食べます。

あまり きれいじゃないですが、おいしいですよ。

パク：どんな メニューが ありますか。

先生：キムチチゲや ビビンバなど、辛くて おいしい 料理が

多いです。

단 어	발 음	뜻
パク	ぱ┐く	
いつも	い┐つも	
どこで	ど┐こで	
お昼ごはん	お┌ひるご┐はん	
食べます	た┌べま┐す	
毎日	ま┐いにち	
学食	が┌くしょく	
おいしいです	お┌いし┐いです	
でも	で┐も	
便利です	べ┐んりです	
正門	せ┌いもん	
近く	ち┌か┐く	
食堂	し┌ょくどう	
きれいです	き┐れいです	
～が、～		
どんな	ど┐んな	
メニュー	め┐にゅー	
キムチチゲ	き┌むちち┐げ	
～や～など	～や～など	
ビビンバ	び┌び┐んば	
辛いです	か┌ら┐いです	
料理	りょ┐うり	
多いです	お┐おいです	
大学生活	だ┌いがくせ┐いかつ	
気分	き┐ぶん	
携帯	け┌いたい	
機械	き┌か┐い	
ところ	と┌ころ┐	
授業	じゅ┐ぎょう	

練習問題(れんしゅうもんだい) / 연습문제

1. い형용사 현재형

い형용사	현재 긍정	현재 부정	반대말
비쌉니다			
깁니다			
큽니다			
맛있습니다			
덥습니다			
멉니다			
새롭습니다			
넓습니다			
좋습니다			
높습니다			
따뜻합니다			
어렵습니다			
재미있습니다			
밝습니다			
많습니다			

2. 질문에 답하세요.

1) ～さんのかばんは重(おも)いですか。

2) ～さんのうちは学校(がっこう)から近(ちか)いですか。

3) 大学生活(だいがくせいかつ)は楽(たの)しいですか。

3. い형용사를 쓰고 친구에게 질문해봅시다.

예 1) キムさん の 携帯(けいたい) は （ 新(あたら)しい ） ですか。

예 2) 外大(がいだい) の 学食(がくしょく) は （ おいしい ） ですか。

1) Q：__________の____________は(　　　　　　) ですか。

A：____

2) Q：__________の__________は(　　　　　　) ですか。

A：____

4. な형용사 현재형

な형용사	현재 긍정	현재 부정	반대말
예쁩니다, 깨끗합니다			
조용합니다			
한가합니다			
좋아합니다			
잘합니다			
친절합니다			
편리합니다			
번화합니다			
간단합니다			
유명합니다			
힘듭니다, 큰일입니다			
성실합니다			
건강합니다			
신선합니다			
훌륭합니다			

5. 둘이서 이야기해 봅시다.

1) ～さんは魚(さかな)が好(す)きですか。

2) ～さんはきょう、気分(きぶん)がいいですか。

3) 英語(えいご)の勉強(べんきょう)はおもしろいですか。

4) ～さんのお母(かあ)さんは、料理(りょうり)が上手(じょうず)ですか。

5) ～さんは毎日(まいにち)、忙(いそが)しいですか。

6. い형용사나 な형용사로 아래 명사를 수식해봅시다.

部屋(へや)	食べ物(たべもの)	人(ひと)	服(ふく)	時間(じかん)	機械(きかい)

예) きれいな ＋ 服

7. 맞는 것을 고르세요.

1) 京都は　(きれいな・きれい)　町です。

2) これは　(新しいの・新しい)　本です。

3) A：キムさんの部屋はきれいですか。

　B：いいえ、　(きれくないです・きれいじゃないです)　。

4) A：パクさんのかばんは大きいですか。

　B：いいえ、　(大きくないです・大きいくないです)　。

5) ここはあまり　(便利じゃありません・便利です)　。

8. 아래 형용사와 명사를 연결해봅시다.

い형용사: ～くて、～
な형용사: ～で、～

1) 黒い＋長い＋かさ → ____________________

2) 大きい＋きれいだ＋ 病院　→ ____________________

3) 静かだ＋まじめだ＋人 → ____________________

4) にぎやかだ＋便利だ＋ところ → ____________________

9. 조사

~や~など：~나 ~등

この店(みせ)には、キムチチゲやビビンバなどがあります。

机(つくえ)の上(うえ)に、辞書(じしょ)やノートなどがあります。

~が：역설

この 食堂(しょくどう) は、あまりきれいじゃないですが、おいしいですよ。

きのうは 授業(じゅぎょう) がありましたが、大学(だいがく)に行(い)きませんでした。

10. 써 봅시다.

1) 私は毎日(まいにち)、朝(あさ)ごはんを食(た)べます。でも、________________________

2) パクさんはよく遅刻(ちこく)をします。でも、________________________

3) ________________________が、________________________

4) 私はお金(かね)がありませんから、________________________

私はお金がありませんが、________________________

5) ________________________から、いつもこの店(みせ)で買(か)います。

________________________が、どこにも行(い)きません。

11. 일본어로 번역합시다.

1) 그 식당에는 돈가스(とんかつ)나 카레(カレー)등 일본요리가 많습니다.

2) 교코 씨는 성실하고 친절한 사람입니다.

3) 하지만 가까우니까 자주 갑니다.

語(ご)いを増(ふ)やそう! / 어휘를 늘리자!

色・方向 (いろ・ほうこう 색·방향)

일본어	뜻	일본어	뜻
赤(あか)	빨강	黒(くろ)	검정
青(あお)	파랑	緑(みどり)	초록
白(しろ)	흰색	ピンク	분홍색
黄色(きいろ)	노랑색	茶色(ちゃいろ)	갈색
たて	세로	横(よこ)	가로, 옆
東(ひがし)	동, 동쪽	西(にし)	서, 서쪽
南(みなみ)	남, 남쪽	北(きた)	북, 북쪽

できるかな？ / 할 수 있을까요?

1. 【Pair work】A는 B를 주말에 집에 초대해서 같이 식사를 하고 싶습니다. A가 되어 B에게 초대를 해 봅시다. a), b)에는 요리명을 넣어보세요. 요리는 당신이 만듭니다.

보기)

A: Bさん、__________曜日の ____________時ごろ、時間ありますか。

わたしの家で a) _______________________を食べませんか。

↑[Point]「동사 ます형+ ませんか(~하지 않겠습니까)」(권유)

B：┌① わたし(ぼく)、a) _______は苦手なんです。すみません。

└② いいですね。でも、____時はちょっと…。____時は大丈夫です。

A：① じゃあ、b) ____________はどうですか。

B：① 大丈夫です。楽しみにしています。

A： よかった。じゃあ、____曜日 _____時に。

2. 【Game】우선 자신이 좋아하는 "야채 랭킹"을 표1에 씁니다. 짝을 이뤄서 상대가 좋아하는 야채의 순위를 1위부터 맞춰봅시다. (힌트는 세 개만 주세요.)

[表(ひょう)1 (표1)] 野菜(やさい)の名前(なまえ) (야채 이름)

일본어	뜻	랭킹순위	일본어	뜻	랭킹순위
きゅうり			かぼちゃ		
トマト			だいこん		
なす			たまねぎ		
ねぎ			じゃがいも		
キャベツ			にんじん		
とうがらし			さつまいも		

보기)

A: 私(わたし)の［一番(いちばん)/○番目(ばんめ)に］好(す)きな野菜(やさい)は、白(しろ)くておいしいです。

おかしもあります。マクドナルドでも食(た)べます。

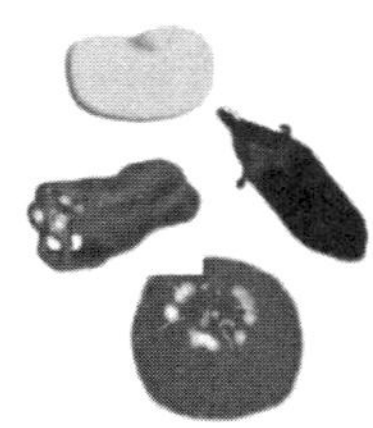

B: だいこんですか。

A: 違(ちが)います。

B：おかしはポテトチップスですか。じゃがいもですか。

B：そうです！

語(ご)い

おかし(과자)、　違(ちが)う (다르다)、　そうです(그렇습니다)

3-1. **まず[表2](표2)で好きな作品(작품)はありますか。友達に聞いてみましょう。**

Q：________さんはこの中で好きな作品がありますか。

A：┌ はい、私は______________と_______________が好きです。
　　└ いいえ、私はどれも見たことがありません。

3-2. 【Pair work】A는 애니메이션 DVD를 보고싶습니다. 비디오 대여점(**レンタルビデオ店**)에서 DVD를 세개 빌려보세요. D(**店員**–점원)는 우선 가게에 작품이 있는지 없는지를 자유롭게 생각해서 [표2]에 ○, ×로 쓰세요 (DVD 유무)

보기)
A：すみません。___________と___________と___________はありますか。
D：_______________はあります。でも、_________________はありません。
A：そうですか。では_______________はありますか。
D：すみません。ありません…。

[表(ひょう)2(표2)] 日本のアニメの名前(なまえ) **(일본 애니메이션 이름)**

제목	유무	제목	유무
風(かぜ)の谷(たに)のナウシカ		ワンピース(ONE PIECE)	
天空(てんくう)の城(しろ)ラピュタ		ケロロ軍曹(ぐんそう)	
となりのトトロ		ドラえもん	
もののけ姫(ひめ)		はじめの一歩(いっぽ)	
千(せん)と千尋(ちひろ)の神隠(かみかく)し		新世紀(しんせいき)エヴァンゲリオン	
崖(がけ)の上(うえ)のポニョ		クレヨンしんちゃん	
名探偵(めいたんてい)コナン		ポケットモンスター	

第3課 キムさんのご家族(かぞく)は？

田中(たなか)： キムさんの ご家族(かぞく)は 何人(なんにん)ですか。

キム： ええと、両親(りょうしん)と 妹(いもうと)、それから 私(わたし) の 4人(にん)です。

田中： お父(とう)さんの お仕事(しごと)は 何(なん)ですか。

キム： 会社員(かいしゃいん) です。

父(ちち)は 今(いま)、仕事(しごと)の 都合(つごう)で 外国(がいこく)に います。

田中： そうですか、寂(さび)しいですね。

キム： ええ、 ちょっと 寂(さび)しいです。

母(はは)は 専業主婦(せんぎょうしゅふ)ですが、いろいろな 趣味(しゅみ)で 忙(いそが)しいです。

田中： 妹(いもうと) さんは 学生(がくせい)ですか。

キム： いいえ、 妹(いもうと) は まだ 3歳(さい) です。

단 어	발 음	뜻
キム	きむ	
家族	かぞく	
ご家族	ごかぞく	
何人	なんにん	
ええと	ええと	
私	わたし	
両親	りょうしん	
妹	いもうと	
４人	よにん	
お父さん	おとうさん	
仕事	しごと	
お仕事	おしごと	
会社員	かいしゃいん	
父	ちち、ちち	
今	いま	
都合	つごう	
外国	がいこく	
ちょっと	ちょっと	
寂しいです	さびしいです	
母	はは	
専業主婦	せんぎょうしゅふ	
いろいろな	いろいろな	
趣味	しゅみ	
忙しいです	いそがしいです	
学生	がくせい	
まだ	まだ	
3歳	さんさい	
かぜ	かぜ	
ペット	ぺっと	

練習問題 / 연습문제

1. 조사

～で：이유

父は今、仕事の都合で外国にいます。

母はいろいろな趣味で忙しいです。

きのうはかぜで休みました。

～が：전제

母は専業主婦ですが、いろいろな趣味で忙しいです。

あのう、すみませんが、駅はどこですか。

2. 둘이서 이야기합시다.

1) ～さんのご家族は何人ですか。 (가족 구성도 말해봅시다！)

2) (예: 弟さん)はおいくつですか。

3) ペットはいますか。

3. 일본어로 번역합시다.

1) 언니(누나)는 지금 서울에 있습니다.

2) 다나카 씨 할아버님 연세가 어떻게 되십니까?

3) 남동생은 고등학생이지만, 매일 동아리활동(クラブ活動(かつどう))으로 바쁩니다.

4) 오빠(형)는 매일 일 때문에 바쁩니다.

5) 부모님과 할머니, 그리고 여동생이 있습니다.

もっと知(し)ろう / 더 알아보자

助数詞(じょすうし) 1 / 조수사 1

何人(なんにん)? (몇 명)	ひとり	ふたり	さんにん	よにん	ごにん	ろくにん
	ななにん/しちにん	はちにん	きゅうにん	じゅうにん		

何歳(なんさい)? (몇 살)	いっさい	にさい	さんさい	よんさい	ごさい
	ろくさい	ななさい	はっさい	きゅうさい	じゅっさい
	はたち				

家族(かぞく) / 가족

자기 가족	뜻	남의 가족
父(ちち)	아버지	お父さん(おとうさん)
母(はは)	어머니	お母さん(おかあさん)
兄(あに)	오빠, 형	お兄さん(おにいさん)
姉(あね)	언니, 누나	お姉さん(おねえさん)
弟(おとうと)	남동생	弟さん(おとうとさん)
妹(いもうと)	여동생	妹さん(いもうとさん)
祖父(そふ)	할아버지	おじいさん
祖母(そぼ)	할머니	おばあさん
伯父/叔父(おじ)	부모의 남자 형제	伯父/叔父さん(おじさん)
伯母/叔母(おば)	부모의 여자 형제	伯母/叔母さん(おばさん)
両親(りょうしん)	부모님	ご両親(ごりょうしん)
兄弟(きょうだい)	형제	ご兄弟(ごきょうだい)

~ 주의 ~

자신의 가족을 직접 부를 때는 자신보다 나이가 많은 사람을 남의 가족의 호칭으로 부릅니다. 예를 들어 자신의 아버지에게는 「ちち」가 아니라「お父さん」이라고 부르면 됩니다. 반면, 동생에게는 이름이나 애칭으로 부릅니다.

語(ご)いを増(ふ)やそう! / 어휘를 늘리자!

人 (ひと 사람)

일본어	뜻	일본어	뜻
親戚(しんせき)	친척	いとこ	사촌
おい	조카(남자)	めい	조카(여자)
妻(つま)	아내	奥さん(おくさん)	부인
夫(おっと)	(자기)남편	ご主人(ごしゅじん) /だんなさん	(남의)남편
私(わたし /わたくし)	나/저	自分(じぶん)	자신
あなた	당신	みんな/みなさん	모두/여러분
大人(おとな)	어른	子ども(こども)	어린이, 아이
国(くに)	나라	年(とし)	해, 나이

できるかな？ / 할 수 있을까요?

1. 아래 사진의 방을 일본어로 뭐라고 할까요?

1) 

2) 

3) 

4) 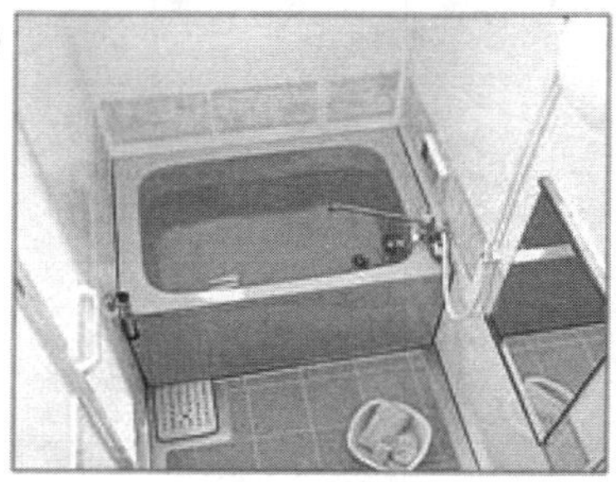

語(ご)い

台所(だいどころ)、 浴室(よくしつ)・(お)風呂場(ふろば)、 リビング・居間(いま)、 和室(わしつ)、 洋室(ようしつ)、寝室(しんしつ)、 トイレ

2. 자기 집을 친구에게 소개해봅시다.

1) あなたの部屋(へや)はどんな部屋ですか。

2) うちにいるとき、いつも大体(だいたい)どこにいますか。

3. 생일이 가까운 친구나 가족에게 일본어로 생일카드를 써 봅시다.

誕生日(たんじょうび)カード

スジンへ

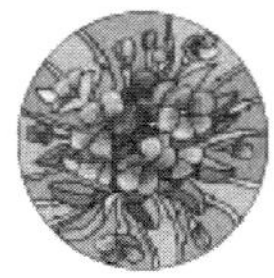

誕生日おめでとう！

これからも ずっと仲(なか)よくしようね。

2012年 4月 21日 ゆき

スジン先輩、
お誕生日
おめでとうございます

今年も先輩にとって
すてきな１年になりますように！

後輩一同(こうはいいちどう)より

誕生日カード ～書いてみよう！～

第4課　京都はどうでしたか

ヘヨン　：ただいま。

きょうこ：おかえりなさい。

ヘヨン　：これ、京都の おみやげです。

きょうこ：どうも ありがとう。京都は どうでしたか。

ヘヨン　：お祭りが とても おもしろかったです。

外国人も多かったですよ。

きょうこ：そうですか。

京都のお祭りは、日本で いちばん 有名ですからね。

ヘヨン　：それから、買い物を たくさん しました。

きょうこ：何を 買いましたか。

ヘヨン　：本を 3冊と CDを 4枚、それに 人形も 2つ 買いました。

きょうこ：そうですか。よかったですね。

단 어	발 음	뜻
京都	きょうと	
ヘヨン	へよん	
ただいま	ただいま	
おかえりなさい	おかえりなさい	
これ	これ	
おみやげ	おみやげ	
ありがとう	どうも ありがとう	
お祭り	おまつり	
とても	とても	
おもしろいです	おもしろいです	
外国人	がいこくじん	
多いです	おおいです	
いちばん	いちばん	
有名です	ゆうめいです	
買い物	かいもの	
たくさん	たくさん	
買います	かいます	
本	ほん	
3冊	さんさつ	
CD	しーでぃー	
4枚	よんまい	
それに	それに	
人形	にんぎょう	
2つ	ふたつ	
コンサート	こんさーと	

練習問題（れんしゅうもんだい） / 연습문제

1. い형용사 과거형

い형용사	과거 긍정	과거 부정
楽(たの)しいです	楽しかったです	楽しくなかったです (楽しくありませんでした)
大(おお)きいです		
おいしいです		
おもしろいです		
遠(とお)いです		
近(ちか)いです		
広(ひろ)いです		
やさしいです		
涼(すず)しいです		
暖(あたた)かいです		
いいです		

2. 질문에 답하세요.

1) きのうは暑(あつ)かったですか。

→はい/いいえ、＿＿＿＿＿＿＿＿＿＿＿＿＿＿＿＿＿＿＿＿

2) 食堂(しょくどう)はおいしかったですか。

→いいえ、あまり＿＿＿＿＿＿＿＿＿＿＿＿＿＿＿＿＿＿＿＿

3) 映画(えいが)はおもしろかったですか。

→はい、とても＿＿＿＿＿＿＿＿＿＿＿＿＿＿＿＿＿＿＿＿

4) きのうは忙(いそが)しかったですか。

→いいえ、全然(ぜんぜん)＿＿＿＿＿＿＿＿＿＿＿＿＿＿＿＿＿＿＿＿

3. 둘이서 이야기해 봅시다.

1) A：～さん、最近映画(さいきんえいが)を見(み)ましたか。

B：はい、見ました。 / いいえ、見ていません。

A：何(なに)を見(み)ましたか。

B：______________________________

A：どうでしたか。

B：______________________________

2) A：～さん、［週末(しゅうまつ) / 先週(せんしゅう) /きのう･･･］、友達(ともだち)に会(あ)いましたか。

B：______________________________

A：何(なに)をしましたか。

B：______________________________

A：どうでしたか。

B：______________________________

4.【종조사 : ~よ/ね】맞는 것을 고르세요.

1) A：Bさんは「タイタニック」を見(み)ましたか。

B：はい、見(み)ました。Aさんは？

A：私(わたし)も先週(せんしゅう)見ました。

とても [おもしろかったですね／おもしろかったですよ]。

2) A：Bさんは「もののけひめ」を見ましたか。

B：いいえ。Aさんは？

A：見ました。

あまり[おもしろくなかったですね／おもしろくなかったですよ]。

3) A：Bさんは、○○レストランに行(い)きましたか。

B：いいえ。Aさんは？

A：行きました。[まあまあでしたね／まあまあでしたよ]。

4) A：Bさんは ビッグバンのコンサートに行きましたか。

B：ええ、行きました。Aさんは？

A：私も行きました。

とても [いいコンサートでしたね／いいコンサートでしたよ]。

☺☺ **옆에 있는 친구와 비슷한 대화를 만들어 봅시다.** ☺☺

5. 조사

～で： 범위

京都のお祭りは、日本でいちばん有名です。

このクラスで、いちばん背が高い人は、パクさんです。

6. 일본어로 번역합시다.

1) 후지산(富士山)은 일본에서 제일 유명한 산입니다.

2) 그 영화는 별로 재미있지 않았습니다.

3) 일본에서 책을 5권 샀습니다.

4) 그리고 맛있는 것도 많이 먹었습니다.

語(ご)いを増(ふ)やそう! / 어휘를 늘리자!

建物・生活用品など(たてもの・せいかつようひんなど 건물 · 생활 용품 등)

일본어	뜻	일본어	뜻
鍵(かぎ)	열쇠	荷物(にもつ)	짐
お手洗い (おてあらい)	화장실	本棚(ほんだな)	책장
台所(だいどころ)	부엌	戸(と)	문
皿/お皿 (さら/おさら)	접시	茶わん/お茶わん (ちゃわん/おちゃわん)	찻잔, 밥공기
灰皿(はいざら)	재떨이	花びん(かびん)	꽃병
交差点(こうさてん)	교차로	階段(かいだん)	계단
入り口(いりぐち)	입구	出口(でぐち)	출구
エスカレーター	에스컬레이터	エレベーター	엘리베이터
初め/始め (はじめ/はじめ)	처음/시작	終わり(おわり)	끝

もっと知ろう / 더 알아보자

助数詞 2 / 조수사 2

いくつ？	ひとつ	ふたつ	みっつ	よっつ	いつつ
(몇 개)	むっつ	ななつ	やっつ	ここのつ	とお
何こ？	いっこ	にこ	さんこ	よんこ	ごこ
(몇 개, ~개)	ろっこ	ななこ	はっこ	きゅうこ	じゅっこ
何冊？	いっさつ	にさつ	さんさつ	よんさつ	ごさつ
(몇 권)	ろくさつ	ななさつ	はっさつ	きゅうさつ	じゅっさつ
何枚？	いちまい	にまい	さんまい	よんまい	ごまい
(몇 장)	ろくまい	ななまい	はちまい	きゅうまい	じゅうまい
何本？	いっぽん	にほん	さんぼん	よんほん	ごほん
(몇 자루, 병)	ろっぽん	ななほん	はっぽん	きゅうほん	じゅっぽん

できるかな？ / 할 수 있을까요?

1. 아래는 무슨 초대장(招待状(しょうたいじょう))・안내장(案内状(あんないじょう))일까요? 생각해 봅시다.

①

CLOSE SALE！

コニクロ新宿店(しんじゅくてん)の閉店(へいてん)セールのお知(し)らせです。

ぜひ、ご来店(らいてん)ください。

日時(にちじ)：平成(へいせい)23年9/29(火)・30(水)
午前(ごぜん)10時～午後(ごご)9時

電話番号(でんわばんごう)：03-1234-5678

場所(ばしょ)：コニクロ新宿店

②

クリスマスディナーへのご招待(しょうたい)

Merry X'mas!

たくや先輩(せんぱい)へ

わたしの家(いえ)でクリスマスパーティーを開(ひら)きます。おいしい料理(りょうり)と楽(たの)しい時間(じかん)をすごしましょう。

あゆみより

12月24日(土曜日(どようび))
住所(じゅうしょ)：東京都(とうきょうと)中央区(ちゅうおうく)1-3
星(ほし)アパート305号室(ごうしつ)

☆ プレゼント交換(こうかん)もあります

③

日本語(にほんご)サークルのみな様(さま)

忘年会(ぼうねんかい)の案内(あんない)

日時(にちじ)：2012.12.17(月)
18～20時

会費(かいひ)：一人(ひとり)3500円

場所(ばしょ)：居酒屋(いざかや)「さくら」

※一人ひとつ芸(げい)をします！

2. 초대장, 안내장을 작성해 봅시다. 그리고 다른 학생과 교환합시다.

第5課　アルバイトは大変でした

すずき：ジスクさん、最近、アルバイトは どうですか。

ジスク：とても 忙しいです。

特に 先週は お客さんが 多くて、本当に 大変でした。

すずき：ジスクさんの アルバイト先は どこですか。

ジスク：ヘウンデの ファミリーレストランです。

もう 1年に なりました。

すずきさんは、きのうは 何をしましたか。

すずき：わたしは アルバイトが 休みでしたから、とても 暇でした。

それで、うちで ビデオを 見ました。

ジスク：何を 見ましたか。

すずき：「東京タワー」という 映画を 見ました。

ちょっと 悲しかったですが、とても いい 映画でした。

단 어	발 음	뜻
すずき	すずき	
ジスク	じすく	
最近	さいきん	
アルバイト	あるばいと	
どうですか	どうですか	
忙しいです	いそがしいです	
特に	とくに	
先週	せんしゅう	
お客さん	おきゃくさん	
本当に	ほんとうに	
大変です	たいへんです	
～先	～さき	
ヘウンデ	へうんで	
ファミリーレストラン	ふぁみりーれすとらん	
もう	もう	
1年	いちねん	
～になりました	～になりました	
休み	やすみ	
暇です	ひまです	
それで	それで	
うち	うち	

ビデオ	び⌝でお	
東京タワー	と⌜うきょうた⌝わー	
悲しいです	か⌜なし⌝いです	
～という	～と⌝いう	
サッカー	さ⌝っかー	
お返事 / 返事	お⌜へんじ / へ⌜んじ⌝	
疲れます	つ⌜かれま⌝す	
メール	め⌜ーる	
景色	け⌝しき	
空気	く⌝うき	
最高	さ⌝いこう	
思い出	お⌜もいで	
連絡	れ⌜んらく	
お寺 / 寺	お⌜てら / て⌜ら⌝	
ホームステイ	ほ⌜ーむすて⌝い	
案内	あ⌜んな⌝い	

練習問題(れんしゅうもんだい) / 연습문제

1. な형용사 과거형

な형용사	과거 긍정	과거 부정
きれいです	きれいでした	きれいじゃなかったです (~じゃありませんでした)
静(しず)かです		
便利(べんり)です		
ひまです		
にぎやかです		
親切(しんせつ)です		
大変(たいへん)です		
楽(らく)です		

2. 명사문 과거형

명사	과거 긍정	과거 부정
休(やす)みです	休(やす)みでした	休みじゃなかったです (~じゃありませんでした)
学生(がくせい)です		
雨(あめ)です		

3. 형용사를 쓰고 둘이서 이야기합시다.

A：＿＿＿＿＿＿＿＿さん、週末は何をしましたか。

B：＿＿＿＿＿＿＿＿＿＿＿＿＿＿＿＿＿＿＿＿＿＿＿＿＿＿＿＿＿＿＿＿＿＿＿＿

A：そうですか。＿＿＿＿＿＿＿＿＿はどうでしたか。

B：＿＿＿＿＿＿＿＿＿＿＿＿＿＿＿＿＿＿＿＿＿＿＿＿＿＿＿＿＿＿＿＿＿＿＿＿

じゃあ、＿＿＿＿＿＿さんは、週末は何をしましたか。

A：＿＿＿＿＿＿＿＿＿＿＿＿＿＿＿＿＿＿＿＿＿＿＿＿＿＿＿＿＿＿＿＿＿＿＿＿

B：そうですか。＿＿＿＿＿＿＿＿はどうでしたか。

A：＿＿＿＿＿＿＿＿＿＿＿＿＿＿＿＿＿＿＿＿＿＿＿＿＿＿＿＿＿＿＿＿＿＿＿＿

4. 아래 E-mail을 읽어봅시다. 당신도 일본인 친구에게 일본어로 E-mail을 보낼 수 있나요?

1) 田中(たなか)さん

お元気(げんき)ですか。秋夕(チュソク)の休(やす)みはどうでしたか。

私は家族(かぞく)や親戚(しんせき)と会(あ)って、おいしいものをたくさん食(た)べました。それから、兄(あに)やいとこたちと公園(こうえん)でサッカーをしました。とても楽(たの)しかったですが、すこし疲(つか)れました。

田中さんの休みはどうでしたか。時間(じかん)があるとき、お返事(へんじ)ください。

ジフン

2) ジフンさんへ

お久(ひさ)しぶりです。メール、どうもありがとう。

私は秋夕(チュソク)の休(やす)みに、会社(かいしゃ)の同僚(どうりょう)と雪岳山(ソラクサン)に旅行(りょこう)に行(い)きました。雪岳山(ソラクサン)の景色(けしき)は素晴(すば)らしかったです。空気(くうき)もきれいで、最高(さいこう)でした。とてもいい思(おも)い出(で)になりました。

釜山(プサン)に行ったら、連絡(れんらく)します。また一緒(いっしょ)にビールでも飲(の)みましょう！

田中 浩(ひろし)

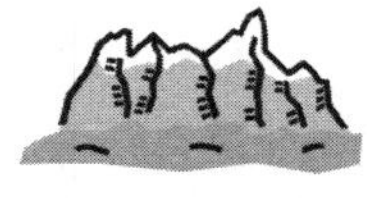

5. 아래 문장을 읽고 질문에 답하세요.

私は今年の夏休みに初めて日本に行きました。日本の大阪と神戸、それから京都に行って来ました。京都には古いお寺がたくさんありました。特に、金閣寺がとてもきれいでした。

神戸ではホームステイをしました。ホームステイ先のお父さんとお母さんはとても親切でした。健という息子が私と同じ年で、大阪を案内してくれました。大阪では、たこやきやお好み焼きを食べました。本当においしかったです。

私はまた日本に行きたいです。

A. 京都はどんなところでしたか。

B. ______________________________

A. ホームステイ先の家族はどうでしたか。

B. ______________________________

A. 何がおいしかったですか。

B. ______________________________

6. 일본어로 번역합시다.

1) 특히 이번 주는 숙제가 많아서 정말로 힘들었습니다.

2) 지난 주말에는 부모님이 안 계셨기 때문에 좀 외로웠습니다.

3) A: 소풍(遠足(えんそく))은 어땠습니까?

B: 좋은 날씨였지만(날씨가 좋았지만), 많이 더웠습니다.

語(ご)いを増(ふ)やそう! / 어휘를 늘리자!

天気 (てんき 날씨)

일본어	뜻	일본어	뜻
晴れ(はれ)	맑음	曇り(くもり)	흐림
雨(あめ)	비	地震(じしん)	지진
雪(ゆき)	눈	風(かぜ)	바람
空(そら)	하늘	雲(くも)	구름
太陽(たいよう)	태양, 해	月(つき)	달
星(ほし)	별	外(そと)	밖

できるかな？ / 할 수 있을까요?

1. 아래 편지는 연습5의 문장을 쓴 수진 씨가 홈스테이 가족에게 보낸 감사의 편지입니다. 당신도 신세를 진 일본인이 있으면 그 분에게 일본어로 감사의 편지를 써봅시다.

お父さん、お母さん、健君へ

暑かった夏も終わって、秋になりました。その後、お元気ですか。

私 は元気に大学に通っています。

夏休みには大変お世話になりました。お父さん、お母さん、健君のおかげで、日本ではとても楽しかったです。どうもありがとうございました。

今度はお父さんたちが釜山に遊びに来てください。私が案内します。

それではお 体 にお気をつけて。

李 秀真より

2. 아래 표시의 한자를 읽고 그 뜻을 이해할 수 있나요?

1)

2)

3)

4)

접속사 / 接続詞

1. それから (그리고 나서)

日本語を勉強しました。それから、映画を見ました。

2. そして (그리고)

東京の地下鉄はきれいです。そして、便利です。

3. それに (게다가)

あのレストランはおいしいです。それに、値段も安いです。

4. でも (하지만)

旅行は楽しかったです。でも、疲れました。

5. それで (그래서)

きのうお酒をたくさん飲みました。それで、頭が痛いです。

練習(れんしゅう)

1) 牛乳(ぎゅうにゅう)は体(からだ)にいいです。(それで・そして) 毎日(まいにち)飲(の)みます。

2) テレビを見(み)ます。(それから・それで) 勉強(べんきょう)します。

3) きのうは遅(おそ)く寝(ね)ました。(でも・それで) 今(いま)、眠(ねむ)いです。

4) 私は漫画(まんが)が好(す)きです。(でも・それから) 小説(しょうせつ)は嫌(きら)いです。

5) シンさんはハンサムです。(でも・それに) 背(せ)も高(たか)いです。

6) 日曜日(にちようび)は教会(きょうかい)へ行(い)きます。(それで・そして) うちで料理(りょうり)もします。

【ひと休(やす)み】

日本を旅行(りょこう)できるかな？/ 일본을 여행할 수 있을까요?

☆ **여행할 때 만나는 여러 상황을 미리 연습해 봅시다!**

1. 아래 티켓을 보고 답해봅시다.

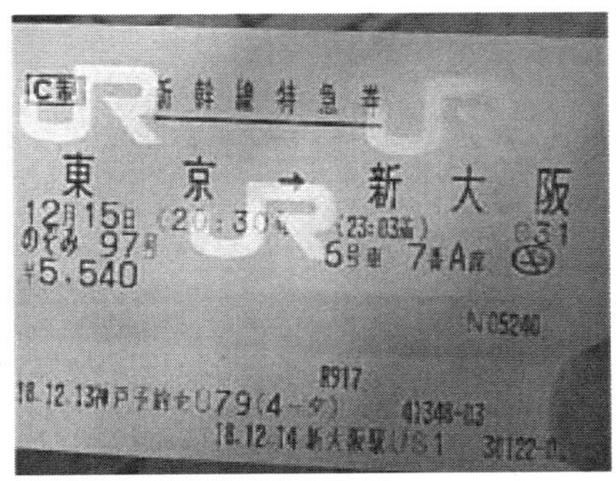

1) 무슨 티켓일까요?

____

2) 언제, 몇 시에 출발해요?

____

3) 지정석 번호는?

____

4) 이 티켓만으로 그 열차를 탈 수 있을까요?

____

2. 입국카드에 자신의 기본정보를 쓸 수 있을까요? 일본어나 영어로 적어봅시다.

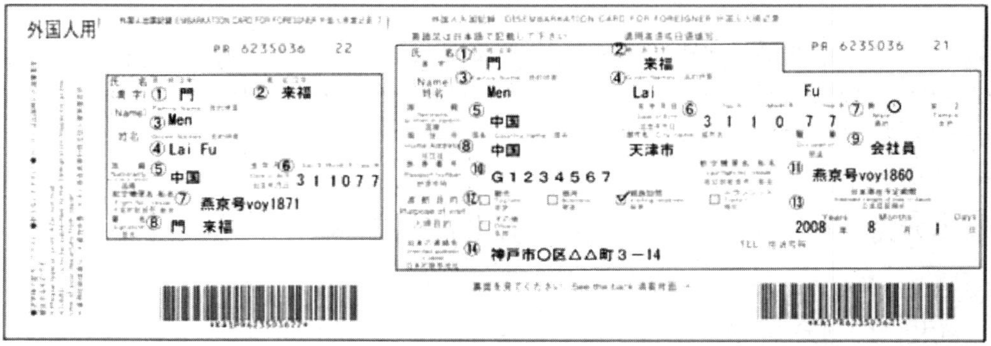
外国人用

EMBARKATION CARD FOR FOREIGNER

PR 6235036 22

① 門 ② 来福

③ Men

④ Lai Fu

⑤ 中国 ⑥ 3 1 1 0 7 7

⑦ 燕京号voy1871

⑧ 門 来福

DISEMBARKATION CARD FOR FOREIGNER

PR 6235036 21

① 門 ② 来福

③ Men ④ Lai Fu

⑤ 中国 ⑥ 3 1 1 0 7 7 ⑦ ○

⑧ 中国 天津市 ⑨ 会社員

⑩ G1234567 ⑪ 燕京号voy1860

⑫ ✓ ⑬ 2008 年 8 月 1 日

⑭ 神戸市○区△△町3－14

See the back

氏名(しめい) (漢字(かんじ)) 姓(せい)________________ 名(めい)________________

Family Name________________ Given Name________________

国籍(こくせき) ____________ 生年月日(せいねんがっぴ)________年______月______日 男・女

現住所(げんじゅうしょ)：国名(こくめい)____________ 都市名(としめい)__________ 職業(しょくぎょう) ________

旅券番号(りょけんばんごう)________________ 航空機便名(こうくうきびんめい)・船名(せんめい)____________

渡航目的(とこうもくてき): 観光(かんこう)( ) 商用(しょうよう)( ) 親戚訪問(しんせきほうもん)( )

トランジット( ) その他(た)( )

日本滞在予定期間(にほんたいざいよていきかん)________年______月______日

日本の連絡先(れんらくさき)________________________________

3. 【Pair work】당신은 지금 신주쿠역(新宿駅(しんじゅくえき))에 있습니다. 역무원에게 표값이 얼마인지, 몇 번 선에서 출발 하는 지를 물어볼 수 있을까요? 아래 회화문에 1)~3)을 넣고 연습해봅시다.

客(きゃく)：すみません。（　　　　）までいくらですか。

駅員(えきいん)：（　　　　　）です。

客：何番(なんばん)ホーム / 何番線(なんばんせん)からですか。

駅員：（　　　　　）番ホーム/線からです。

1) 横浜(よこはま)、¥540、3・4番(ばん)　2) 東京駅(とうきょうえき)、¥190、7・8番(ばん)

3) 原宿(はらじゅく)、¥130、14番(ばん)

4. 【Pair work】오늘은 버스를 타고 목적지까지 가려고 합니다. 버스 기사에게 1)~3)의 목적지까지 가는지 물어 보세요. 기사는 행선지 뒤의 O, × 표시를 보고 그 여부를 대답해봅시다.

客(きゃく)：________________________________

運転手(うんてんしゅ)：はい、行(い)きますよ。

/ あ～、（　）はこのバスじゃなくて、（　）番(ばん)のバスです。

1) 南町通(みなみまちどお)り、○　2) 大学病院(だいがくびょういん)、×　3) 市役所(しやくしょ)、○

5. 【Pair work】일본택시는 비싸지만, 오늘은 택시를 타야 합니다. 기사에게 어디로 가는지 말해보세요. 앞의 4번의 행선지 또는 당신이 아는 지명을 넣어보세요.

> 보기)
>
> 運転手(うんてんしゅ)： どちらまで？
>
> 客(きゃく) ：______________________________までお願(ねが)いします。
>
> 運転手(うんてんしゅ)：______________________________ですね。かしこまりました。

第6課　日本に留学したいです

わたしの名前はパク・ジスクです。釜山外国語大学の英語学部の1年生です。わたしは日本のアニメが好きです。テレビやインターネットで、よく日本のアニメを見ます。ときどき、友達とカラオケに行きます。カラオケでは日本の歌をよく歌います。

わたしは将来、日本で働きたいです。そのために、まずは日本に留学したいです。どうぞよろしくお願いします。

단 어	발 음	뜻
名前	なまえ	
釜山外国語大学	ぷさん がいこくごだいがく	
英語学部	えいご がくぶ	
１年生	いちねんせい	
アニメ	あにめ	
テレビ	てれび	
インターネット	いんたーねっと	
ときどき	ときどき	
カラオケ	からおけ	
歌	うた	
歌います	うたいます	
将来	しょうらい	
働きます	はたらきます	
～したいです	～したいです	
～のために	～の ために	
まずは	まずは	
留学します	りゅうがくします	
どうぞ よろしく お願いします	どうぞ よろしく おねがいします	
果物	くだもの	
歌手	かしゅ	
冬休み	ふゆやすみ	
スクールバス	すくーるばす	

練習問題 / 연습문제

1. ～が好きです

1) ～さんは、果物は何が好きですか。

2) ～さんは、歌手は誰が好きですか。

2. ～たい를 쓰고 말해봅시다.

1) 私はきょううちに帰って、＿＿＿＿＿＿＿＿＿＿＿＿＿＿たいです。

2) 私は冬休みに ＿＿＿＿＿＿＿＿＿＿＿＿＿＿＿＿＿＿たいです。

3) 私は［今/ 将 来･･･］＿＿＿＿＿＿＿＿＿＿＿＿＿＿＿たいです。

3. 수단 (手段)「～で」: 괄호안에 조사를 넣고 번역해봅시다.

1) 私はよくインターネット（　　）映画を見ます。

2) 私はスクールバス（　　）学校に来ます。

3) きょうはスーツ（　）大学に行きます。

4. 대화를 듣고 (   )안에 맞는 번호를 쓰세요.

(1)

(2)

(3)

(4)

さとう （   ）　　すずき （   ）

たかはし （   ）　　わたなべ （   ）

☺ 대화를 다시 한번 듣고 받아쓰기 하세요.

さとう： はじめまして。(　　　　　　)です。高校(こうこう)(　　)年生(ねんせい)です。

わたしは(　　　　)と (　　　　)が好(す)きです。

どうぞよろしくお願(ねが)いします。

すずき： はじめまして。(　　　　　　)です。 高校(こうこう) (　) 年生(ねんせい)です。

わたしは (　　　　)が好(す)きです。

(　　　　)は好(す)きじゃありません。

どうぞよろしくお願(ねが)いします。

たかはし：はじめまして。(　　　　　　)です。

わたしも高校(こうこう) (　　) 年生(ねんせい)です。

わたしは (　　　　)と (　　　　)が 好(す)きです。

(　　　　)も好(す)きです。 どうぞよろしくお願(ねが)いします。

わたなべ：はじめまして。わたなべです。高校(こうこう) (　　) 年生(ねんせい)です。

わたしは (　　　　)と (　　　　)が好(す)きです。

(　　)は好(す)きじゃありません。どうぞよろしくお願(ねが)いします。

5. 본문과 같이 자기소개를 해봅시다. / 自己紹介しましょう。

もっと知ろう / 더 알아보자

職 業 (しょくぎょう・직업)

일본어	뜻	일본어	뜻
会社員（かいしゃいん）	회사원	公務員（こうむいん）	공무원
教師（きょうし）	교사	警察官（けいさつかん）	경찰관
通訳（つうやく）	통역사	翻訳家（ほんやくか）	번역가
観光（かんこう）ガイド	관광 가이드	CA（しーえー）/ スチュワーデス	스튜어디스

語いを増やそう! / 어휘를 늘리자!

スポーツ (스포츠)

일본어	뜻	일본어	뜻
野球（やきゅう）	야구	サッカー	축구
水泳（すいえい）	수영	テニス	테니스
バレーボール	배구	バスケットボール	농구
スキー	스키	スケート	스케이트
テコンドー	태권도	バドミントン	배드민턴

できるかな？ / 할 수 있을까요?

【Pair work】 A는 연예인(유명인)입니다. B는 리포터 입니다. B가 A를 인터뷰 하고, 그 내용을 역할에 맞게 연기하며 발표 하세요.
인터뷰를 시작하기 전에 ①②를 쓰세요.

① Aのデータ(Data)

1. 名前(なまえ)：
2. 生年月日(せいねんがっぴ)(생년월일):
3. 好(す)きなこと(좋아하는 것)：
4. 好(す)きじゃないこと(좋아하지 않는 것)：
5. したいこと(하고 싶은 것)：

② Bが質問(しつもん)すること (B가 질문할 것)

1. 生年月日(せいねんがっぴ)はいつですか：
2. 何(なに)が好(す)きですか：
3. 何(なに)が好(す)きじゃありませんか：
4. 今(いま)、一番何(いちばんなに)がしたいですか：
5. 恋人(こいびと)(애인)はいますか：

第7課　きのうは図書館(としょかん)に行(い)って、勉強(べんきょう)しました

鈴木(すずき)：ソンさん、きのうは何(なに)を しましたか。

ソン：朝(あさ)、シャワーを浴(あ)びてから、ごはんを食(た)べました。

　　　それから、大学(だいがく)に行(い)って、授業(じゅぎょう)を聞(き)きました。

鈴木：大学(だいがく)の授業(じゅぎょう)は どうでしたか。

ソン：日本語(にほんご)の授業(じゅぎょう)は おもしろかったですが、専門(せんもん)の授業(じゅぎょう)は

　　　難(むずか)しくて、よく分(わ)かりませんでした。

鈴木：そうですか。授業(じゅぎょう)の あとは、何(なに)を しましたか。

ソン：少(すこ)し休(やす)んでから、図書館(としょかん)に行(い)って また勉強(べんきょう)しました。

鈴木：ソンさんは よく がんばりますね。

단 어	발 음	뜻
ソン	そん	
きのう	きのう	
朝	あさ	
シャワー	しゃわー	
浴びます	あびます	
ごはん	ごはん	
大学	だいがく	
授業	じゅぎょう	
聞きます	ききます	
おもしろいです	おもしろいです	
専門	せんもん	
難しいです	むずかしいです	
少し	すこし	
よく	よく	
分かりません	わかりません	
～のあと	～のあと	
休みます	やすみます	
図書館	としょかん	
また	また	
がんばります	がんばります	

練習問題(れんしゅうもんだい) / 연습문제

1. 동사의 종류

①

②

③

2. 동사 사전형 (辞書形(じしょけい))

1グループ	書(か)きます→	読(よ)みます→
	話(はな)します→	会(あ)います→
	帰(かえ)ります→	待(ま)ちます→
	遊(あそ)びます→	泳(およ)ぎます→
	死(し)にます→	
2グループ	見(み)ます→	起(お)きます→
3グループ	します→	来(き)ます→

3. 동사 て형 (て形(けい))

1グループ

① ～う・つ・る → ～って

② ～む・ぶ・ぬ → ～んで

③ ～く・ぐ → ～いて・いで

④ ～す → ～して

2グループ

～る → ～て

3グループ

する → して

来(く)る → 来(き)て

4. 동사 て형 (て形): 표를 완성해봅시다.

사전형	뜻	ます형	て형	~てください
買う	사다	かいます		
待つ	기다리다	まちます		
帰る	돌아가다/ 돌아오다	かえります		
作る	만들다	つくります		
死ぬ	죽다	しにます		
読む	읽다	よみます		
遊ぶ	놀다	あそびます		
書く	쓰다	かきます		
泳ぐ	수영하다	およぎます		
話す	이야기하다	はなします		
行く	가다	いきます		
見る	보다	みます		
食べる	먹다	たべます		
教える	가르치다	おしえます		
来る	오다	きます		
する	하다	します		

5. て형을 사용해서 말해봅시다.

1) きょう朝(あさ)起(お)きてから何(なに)をしましたか。

____________________て、____________________

2) きのううちに帰(かえ)ってから、何(なに)をしましたか。

____________________て、____________________

6. 일본어로 번역합시다.

1) 인터넷을 한 시간 정도 하고 나서 잤습니다.

2) 영어 수업은 어려워서 잘 이해하지 못 했습니다.

3) A: 점심 후에는 무엇을 했습니까?

B: 카페에 가서 샌드위치(サンドイッチ)를 먹었습니다.

語いを増やそう! / 어휘를 늘리자!

体(からだ・몸)

일본어	뜻	일본어	뜻
頭（あたま）	머리	肩(かた)	어깨
首（くび）	목	のど	목(인후)
手（て）	손	足（あし）	다리, 발
顔（かお）	얼굴	目（め）	눈
鼻（はな）	코	口（くち）	입
耳（みみ）	귀	歯（は）	이
おなか・腹（はら）	배	背中（せなか）	등
声（こえ）	목소리	音(おと)	소리

できるかな？ / 할 수 있을까요?

1. 【Pair work】당신은 지금 계단만 있는 역에서 무거운 슈트케이스 2개를 2층까지 옮겨야 합니다. 역무원에게 도움을 요청할 수 있을까요? ①~⑤의 지시대로 문장을 만들어서 둘이서 발표해 보세요.

あなた：① 역무원에게 말을 건다.

____

：② 도와달라고 부탁한다.

____

駅員(えきいん)： ③ 역무원이 알아듣고 도와준다.

____

あなた：④ 도와준 것에 대한 답례 말을 한다.

____

駅員： ⑤ 역무원이 A에게 한마디.

____

語(ご)い

スーツケース、　荷物(にもつ)、　手伝(てつだ)う、　助(たす)ける

2. 【Pair work】 A는 친구B의 가족과 함께 식사를 하고 있습니다. 아래 ①–③의 상황에서 뭐라고 해야 할까요? 생각해서 회화문을 만든 후 발표합시다. ④는 본인이 만들어 보세요.

① 숟가락이 필요하다.

② 밥을 한 그릇 더 먹고 싶다.

③ 샐러드가 더 먹고 싶다.

④ ____________________이(가) 필요하다.

語い

한국어	일본어
숟가락	
젓가락	
밥	
샐러드	
된장국	

第8課 日本(にほん)に行(い)ったことがありますか

田中：キムさんは 日本(にほん)に 行(い)ったことが ありますか。

キム：ええ、今年(ことし)の 夏休(なつやす)みに 東京(とうきょう)に 行(い)って来(き)ました。

田中：東京(とうきょう)は どうでしたか。

キム：親切(しんせつ)な 人(ひと)が 多(おお)かったですが、交通費(こうつうひ)が 高(たか)くて 困(こま)りました。

それから、韓国料理(かんこくりょうり)の 値段(ねだん)が 高(たか)くて、本当(ほんとう)に 驚(おどろ)きました。

キムチが 一皿(ひとさら)、480円(えん)もしました。

田中：そうですか。

じゃあ、キムチや ラーメンは、韓国(かんこく)から 持(も)って行(い)ったほうが いいですね。

단 어	발 음	뜻
～たことがあります	～たことが ありま す	
今年	ことし	
東京	どうきょう	
親切です	しんせつです	
人	びと	
親切な人が	しんせつな ひとが	
交通費	こうつうひ	
困ります	こまりま す	
韓国料理	かんこくりょうり	
値段	ねだん	
驚きます	おどろきま す	
キムチ	ぎむち	
一皿	ひどさら	
480円	よんひゃく ばちじゅうえん	
～も	～も	
ラーメン	らーめん	
韓国	かんこく	
持って行く	もっていく	
～たほうがいいです	～だほうがいいです	

練習問題 / 연습문제

1. 동사의 た형 : 표를 완성해 봅시다.

사전형	뜻	ます형	た형
買う	사다	かいます	
待つ	기다리다	まちます	
帰る	돌아가다/ 돌아오다	かえります	
作る	만들다	つくります	
死ぬ	죽다	しにます	
読む	읽다	よみます	
遊ぶ	놀다	あそびます	
書く	쓰다	かきます	
泳ぐ	수영하다	およぎます	
話す	이야기하다	はなします	
行く	가다	いきます	
見る	보다	みます	
食べる	먹다	たべます	
教える	가르치다	おしえます	
来る	오다	きます	
する	하다	します	

2. 조사

～も：강조

キムチが一皿、480円もしました。

きのうは ケーキを 3つも 食べました。

3. た형을 쓰고 말해봅시다.

1) 日本に行ったことがありますか。

   いつ、行きましたか。

2) 日本の 料 理を食べたことがありますか。

   何を食べましたか。

   どうでしたか。

3) スキーをしたことがありますか。

4) A：__________さんは、____________________たことがありますか。

   B：____

5) 友達が外国に 留 学します。アドバイスしてください。

   ____たほうがいいですよ。

4. 일본어로 번역합시다.

1) A: 스즈키 씨는 제주도 (チェジュ島(とう)) 에 간 적이 있습니까?

B: 아니오, 아직 간 적이 없습니다.

2) 서울은 추우니까 스웨터 (セーター)를 가져가는 것이 좋습니다.

もっと知(し)ろう / 더 알아보자

何回(なんかい)?	いっかい	にかい	さんかい	よんかい	ごかい
(몇 번)	ろっかい	ななかい	はっかい	きゅうかい	じゅっかい

何日間(なんにちかん)?	いちにち	ふつか	みっか	よっか	いつか
(며칠 동안)	むいか	なのか	ようか	ここのか	とおか

語(ご)いを増(ふ)やそう! / 어휘를 늘리자!

ファッション (패션)

일본어	뜻	일본어	뜻
服（ふく）	옷	上着（うわぎ）	윗도리
背広（せびろ）	신사복	スーツ	슈트. 양복
シャツ	셔츠	セーター	스웨터
ズボン(パンツ)	바지(팬츠)	スカート	스커트, 치마
コート	코트, 외투	下着（したぎ）	속옷
靴下（くつした）	양말	スリッパ	슬리퍼

できるかな？ / 할 수 있을까요?

일본에서는 연말에 친구나 지인에게 엽서로 새해인사를 합니다. 당신도 일본인 친구나 교수님에게 일본어로 연하장을 써봅시다.

年賀状（ねんがじょう）

あけまして

おめでとうございます

去年は大変お世話になりました。
今年もどうぞよろしくお願いします。

平成24年　元旦

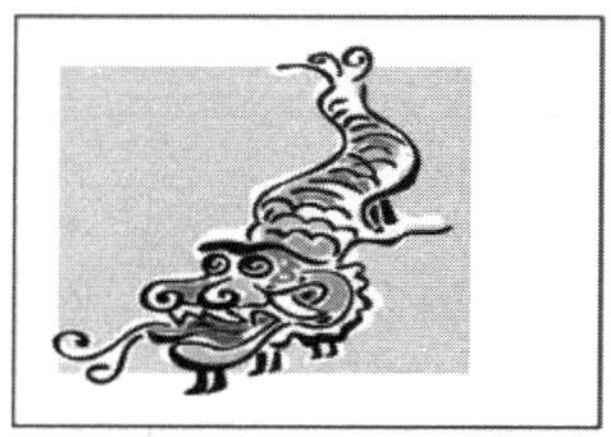

謹賀新年（きんがしんねん）

2012年　元旦（がんたん）

去年はいっしょに旅行も行けて、
楽しかったです。
今年もどうぞよろしくお願いします。

〒350－1100
埼玉県○○市××3丁目9－6
山田　由紀

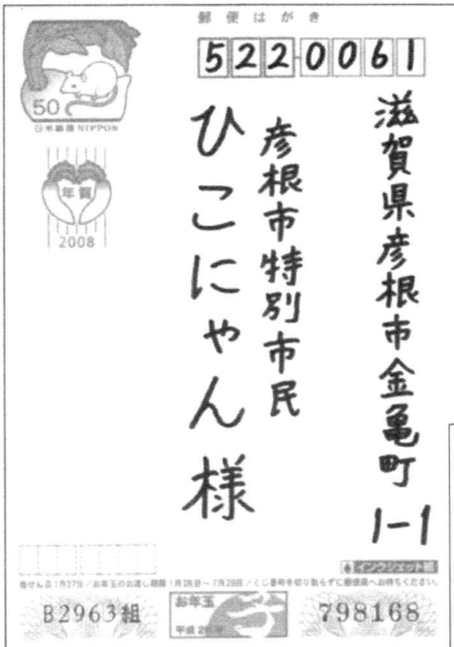

「ひこにゃん」に年賀状を送ったら…

返事が来ました！

書いてみよう！

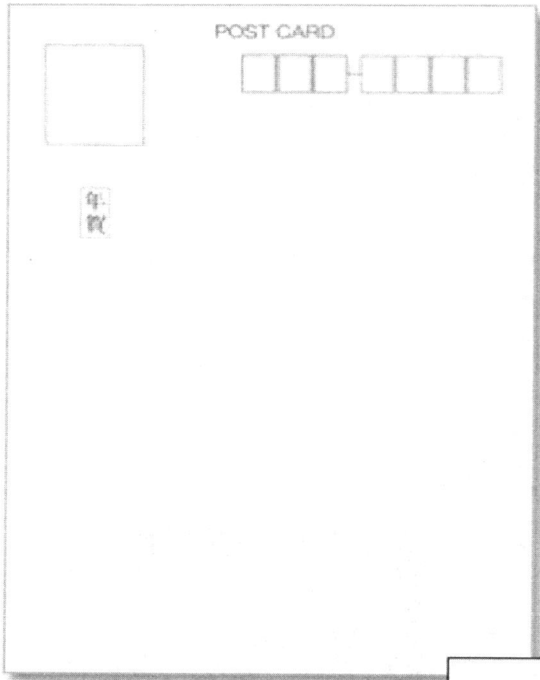

↑ 表(おもて)

裏(うら) ↓

부사 등 / 副詞など

1. よく(자주)　　私は よく 山に 行きます。
   (잘)　　日本語は よく 分かりません。
2. ときどき(때때로)　　シンさんは ときどき 山へ 行きます。
3. いつも(언제나)　　いつも どこで 昼ごはんを 食べますか。
4. はじめて(처음)　　きのう 初めて たこやきを 食べました。
5. また(또, 다시)　　また 明日！
6. ずっと(계속)　　きのうは ずっと うちに いました。
7. とても(매우)　　お祭りが とても おもしろかったです。
8. たいへん(대단히)　　ご迷惑を おかけして、大変 申し訳ございません。
9. ほんとうに(정말로)　　お客 さんが多くて、本当に 大変でした。
10. いっしょうけんめい (열심히)　　これから 一 生 懸命勉 強 します。
11. ちょっと(조금, 잠시)　　銀行は ちょっと 遠いですね。
12. すこし(조금)　　家に 帰って、少し 休みました。
13. ぜんぶ(다, 전부)　　宿 題は 全部終わりました。

14. だいたい (대개, 대충) カタカナは だいたい 分かります。

15. たくさん(많이) 仕事が たくさん あります。

16. おおぜい ((사람이) 많이, 많음) 映画館には 人が 大勢いました。

17. もっと(더,더욱) もっと 安いのは ありませんか。

18. もう(벌써, 이미, 이제) 韓国に 来てから、もう 1年に なりました。

19. まだ(아직) 友達が まだ あまり いません。

20. すぐ(바로, 곧) すぐ 来てください。

21. まず(먼저, 우선) まず この ボタンを 押してください。

22. だんだん(점점) これから だんだん 暖かくなります。

23. あまり(그다지) この辞書は あまり よくないです。

24. ぜんぜん(전혀) フランス語は 全然 分かりません。

25. たぶん(아마) この映画は 多分 おもしろいと 思います。

26. ちょうど(정확히, 마치) 今、ちょうど 12時です。

27. ゆっくり(천천히) ゆっくり 話してください。

(느긋하게) あしたは ゆっくり 休んでください。

28. いちばん(제일, 가장) 果物の 中で いちごが 一番好きです。

29. とくに(특히) 特に 先週は 忙しかったです。

30. まっすぐ(똑바로) この道を まっすぐ 行ってください。

練習(れんしゅう)

1) 田中(たなか)さんは [たくさん・とても] 忙(いそが)しいです。

2) キムさんは [よく・あまり] 旅行(りょこう)しません。

3) [もう・もっと] 大(おお)きいサイズのは、ありませんか。("더"의 뜻으로)

4) 私(わたし)は 去年(きょねん) [はじめに・はじめて] 日本(にほん)に 行(い)きました。

5) パクさんは 肉(にく)を [たくさん・とても] 食(た)べます。

動詞(どうし)(동사)

1グループ

사전형	ます형	뜻	사전형	ます형	뜻
書(か)く	書(か)きます	씁니다	会(あ)う	会(あ)います	만납니다
聞(き)く	聞(き)きます	듣습니다	吸(す)う	吸(す)います	(담배를) 피웁니다 /들이마시다
泳(およ)ぐ	泳(およ)ぎます	수영합니다	歌(うた)う	歌(うた)います	노래합니다
買(か)う	買(か)います	삽니다	使(つか)う	使(つか)います	사용합니다
待(ま)つ	待(ま)ちます	기다립니다	持(も)つ	持(も)ちます	듭니다
帰(かえ)る	帰(かえ)ります	돌아갑니다	入(はい)る	入(はい)ります	들어갑니다
読(よ)む	読(よ)みます	읽습니다	働(はたら)く	働(はたら)きます	일합니다
飲(の)む	飲(の)みます	마십니다	休(やす)む	休(やす)みます	쉽니다
遊(あそ)ぶ	遊(あそ)びます	놉니다	終(お)わる	終(お)わります	끝납니다
死(し)ぬ	死(し)にます	죽습니다	分(わ)かる	分(わ)かります	압니다
話(はな)す	話(はな)します	이야기합니다	手伝(てつだ)う	手伝(てつだ)います	도와줍니다
行(い)く	行(い)きます	갑니다	言(い)う	言(い)います	말합니다
作(つく)る	作(つく)ります	만듭니다	始(はじ)まる	始(はじ)まります	시작됩니다
ピアノを弾(ひ)く	ピアノを弾(ひ)きます	피아노를 칩니다	写真(しゃしん)を撮(と)る	写真(しゃしん)を撮(と)ります	사진을 찍습니다

2グループ

사전형	ます형	뜻	사전형	ます형	뜻
食べる	食べます	먹습니다	起きる	起きます	일어납니다
見る	見ます	봅니다	寝る	寝ます	잡니다
教える	教えます	가르칩니다	忘れる	忘れます	잊습니다
着る	着ます	입습니다	いる	います	있습니다
疲れる	疲れます	지칩니다 (피곤합니다)	借りる	借ります	빌립니다
シャワーを浴びる	シャワーを浴びます	샤워를 합니다	試験を受ける	試験を受けます	시험을 칩니다
始める	始めます	시작합니다	やめる	やめます	그만둡니다

3グループ

사전형	ます형	뜻	사전형	ます형	뜻
来る	来ます	옵니다	する	します	합니다
買い物をする	買い物をします	쇼핑을 합니다	料理をする	料理をします	요리를 합니다
そうじをする	そうじをします	청소를 합니다	洗濯をする	洗濯をします	세탁을 합니다
運動をする	運動をします	운동을 합니다	仕事をする	仕事をします	일을 합니다

い形容詞(けいようし)(い형용사)

정중체: おおきいです(큽니다)

보통체: おおきい (크다)

大(おお)きい	크다	小(ちい)さい	작다
暑(あつ)い	덥다	寒(さむ)い	춥다
高(たか)い	비싸다	安(やす)い	싸다
長(なが)い	길다	短(みじか)い	짧다
新(あたら)しい	새롭다	古(ふる)い	오래되다
高(たか)い	높다	低(ひく)い	낮다
(背(せ)が)高(たか)い	(키가) 크다	(背(せ)が)低(ひく)い	(키가) 작다
広(ひろ)い	넓다	狭(せま)い	좁다
遠(とお)い	멀다	近(ちか)い	가깝다
明(あか)るい	밝다	暗(くら)い	어둡다
暖(あたた)かい	따뜻하다	涼(すず)しい	시원하다
おいしい	맛있다	まずい	맛없다
難(むずか)しい	어렵다	やさしい	쉽다
いい(よい)	좋다	悪(わる)い	나쁘다

多(おお)い	많다	少(すく)ない	적다
おもしろい	재미있다	つまらない	재미없다
楽(たの)しい	즐겁다	寂(さび)しい	외롭다
熱(あつ)い	뜨겁다	冷(つめ)たい	차갑다
重(おも)い	무겁다	軽(かる)い	가볍다
速(はや)い	빠르다	遅(おそ)い	느리다
太(ふと)い	굵다	細(ほそ)い	가늘다
厚(あつ)い	두껍다	薄(うす)い	얇다
強(つよ)い	강하다	弱(よわ)い	약하다
甘(あま)い	달다	辛(から)い	맵다
うれしい	기쁘다	悲(かな)しい	슬프다
忙(いそが)しい	바쁘다	きたない	더럽다
眠(ねむ)い	졸리다	若(わか)い	젊다
うるさい	시끄럽다	かわいい	귀엽다
危(あぶ)ない	위험하다	痛(いた)い	아프다
白(しろ)い	하얗다	黒(くろ)い	검다
赤(あか)い	빨갛다	青(あお)い	파랗다
黄色(きいろ)い	노랗다	丸(まる)い	둥글다

な形容詞(けいようし)(な형용사)

주의) 정중체: しずか<u>です</u> (조용합니다)

보통체: しずか<u>だ</u> (조용하다)

静(しず)かだ	조용하다	にぎやかだ	번화하다
親切(しんせつ)だ	친절하다	まじめだ	성실하다
便利(べんり)だ	편리하다	不便(ふべん)だ	불편하다
きれいだ	깨끗하다 예쁘다	ハンサムだ	핸섬하다
ひまだ	한가하다	有名(ゆうめい)だ	유명하다
元気(げんき)だ	건강하다	心配(しんぱい)だ	걱정하다
上手(じょうず)だ	잘하다	下手(へた)だ	잘못하다
大変(たいへん)だ	힘들다	楽(らく)だ	편하다
好(す)きだ	좋아하다	嫌(きら)いだ	싫어하다
簡単(かんたん)だ	간단하다	新鮮(しんせん)だ	신선하다
大切(たいせつ)だ	소중하다	自由(じゆう)だ	자유롭다
じょうぶだ	튼튼하다	立派(りっぱ)だ	훌륭하다

第6課 練習 4 スクリプト

さとう: はじめまして。さとうです。高校1年生です。

わたしは サッカーと テニスが すきです。

どうぞ よろしく おねがいします。

すずき: はじめまして。すずきです。高校2年生です。

わたしは おんがくが すきです。スポーツはすきじゃありません。

どうぞ よろしく おねがいします。

たかはし: はじめまして。たかはしです。わたしも 高校2年生です。

わたしは えいがと おんがくが すきです。テニスも すきです。

どうぞ よろしく おねがいします。

わたなべ: はじめまして。わたなべです。高校3年生です。

わたしは サッカーと やきゅうが すきです。

テニスは すきじゃ ありません。

どうぞ よろしく おねがいします。

索引(さくいん)/색인

【か】

【き】

【す】

【せ】

【そ】

【た】

【ち】

【つ】

【て】

【と】

【な】

【に】

【ね】

【の】

【は】

【ひ】

【ふ】

【へ】

【ほ】

【ゆ】

【よ】

【ら】

【り】

【れ】

【わ】